儿童逻辑表达力

像「辩手」一样说服

王晶 著

苏州新闻出版集团
古吴轩出版社

图书在版编目（CIP）数据
儿童逻辑表达力. 像辩手一样说服 / 王晶著. 苏州 ： 古吴轩出版社, 2024. 11. -- ISBN 978-7-5546-2480-7
Ⅰ. H0-49
中国国家版本馆CIP数据核字第20248N15Z8号

责任编辑：胡敏韬
策　　划：吴　静
版式设计：林　兰
封面设计：黎　炜

书　　名：儿童逻辑表达力·像辩手一样说服
著　　者：王　晶
出版发行：苏州新闻出版集团
古吴轩出版社
地址：苏州市八达街118号苏州新闻大厦30F
电话：0512-65233679　　邮编：215123
出 版 人：王乐飞
印　　刷：天宇万达印刷有限公司
开　　本：670mm×950mm　1/16
印　　张：18
字　　数：162千字
版　　次：2024年11月第1版
印　　次：2024年11月第1次印刷
书　　号：ISBN 978-7-5546-2480-7
定　　价：99.00元（全3册）

前言

当老师提问时，孩子虽然抢着回答问题，却无法清晰地表达想法或所答非所问。

与同伴探讨问题时，孩子经常因为不能清晰地提问而错失深入讨论的机会。

在公共场合，面对突如其来的问题，孩子总是因为接话缺乏情商而尴尬收场。

与父母沟通时，孩子常常因为思维混乱而无法准确表达需求或情感，最后只能以哭泣或无理取闹的方式发泄。

…………

相信很多父母都在为孩子出现类似的情况而百思不得其解：为什么孩子说话总是没有条理，表达不清晰？其实，这是孩子缺乏逻辑表达力的典型表现。

逻辑表达力，是指孩子在沟通和表达时，能够清晰、有条理、合理地组织语言的能力。而逻辑表达力不足会让孩子用语言表达想法时力不从心，阻碍孩子与他人进行有效沟通，进而影响孩子的社交能力，甚至限制孩子思维的深度和广度。

这套《儿童逻辑表达力》正是为了帮助孩子培养逻辑表达这一关键能力而精心编写的，引导孩子在各种情境下，以清晰的逻辑、高情商的方式进行“说服”“提问”和“接话”。

本套书包括《像辩手一样说服》《像辩手一样提问》和《像辩手一样接话》，共三册。其中，每一册书又划分为校园篇、公共场合篇和日常生活篇，涵盖了孩子所能遇到的各种表达场景，并在不同情境下通过具体的对话场景导入，直奔主题，给出正、反面表达示范，并进行简要分析，让孩子明白表达的差异会收到不同的反馈，同时提供正确的表达技巧指导，帮助孩子逐步提升逻辑表达力。

培养逻辑表达力是一个长期的过程。我们希望这套书能够让每一个孩子都像辩手一样，能更加自信地表达自己的想法，更有效地与他人沟通，更深刻地理解复杂问题。让我们一起见证孩子们成为能够自如表达、善于沟通的新时代少年。

目录

校园篇

01 邀请同学加入学习小组，怎么说服更有力 ...002
02 同学想放弃朗读打卡，怎么说服让他坚持 ...004
03 鼓励同学参加运动会，怎么说服更能打动人心 ...006
04 同学在劳动时偷懒，怎么说服不伤和气 ...008
05 同学不认真完成作业，怎么说服他多花时间在作业上 ...010
06 同学不积极举手，怎么说服他参与课堂互动 ...012
07 同学自习时间说话，怎么说服能有效阻止 ...014
08 同学乱扔垃圾，怎么说服他保护校园环境 ...016
09 参加班委选举，怎么说服同学投你一票 ...018
10 想借同学的课外书，怎么说服达到目的 ...020
11 同学对你有攻击性语言或行为，怎么说服能化解 ...022
12 同学与他人有冲突，怎么说服能平息 ...024
13 因事想请假，怎么说服老师同意 ...026
14 想成立音乐社团，怎么说服老师给予支持 ...028
15 没有如期完成作业，怎么说服老师延期 ...030

公共场合篇

01 在游乐场，怎么说服陌生人按顺序排队 ...034

02 在公交、地铁上，怎么说服陌生人礼让 ...036

03 在图书馆，怎么说服陌生人保持安静 ...038

04 在公园，怎么说服陌生人不要破坏花草树木 ...040

05 在篮球场，怎么说服队友遵守比赛规则 ...042

06 与人发生碰撞时，怎么说服对方和平解决 ...044

07 被人辱骂时，怎么说服对方注意文明 ...046

08 演讲前，怎么说服对方不要害怕和紧张 ...048

09 朋友参加比赛，怎么说服他不要有过多的压力 ...050

10 买错东西时，怎么说服老板退货 ...052

11 有人在公共场所抽烟，怎么说服他 ...054

12 同学在墙上乱涂乱画，怎么说服他不这样做 ...056

日常生活篇

01 周末想跟同学出去玩，怎么说服家长同意 ...060

02 家长干涉你交友，怎么说服他们尊重你的交友自由 ...062

03 不想上兴趣班，怎么说服家长同意 ...064

04 想养一只宠物，怎么说服家长同意 ...066

05 想要玩具，怎么说服家长购买 ...068

06 弟弟妹妹太吵，怎么说服他们不要打扰自己学习 ...070

07 父母为你的学习感到焦虑，怎么说服他们放心 ...072

08 哥哥姐姐惹父母生气，怎么说服他们好好沟通 ...074

09 爸爸喝酒之后会胃疼，怎么说服他少喝点 ...076

10 节假日，怎么说服家人去旅行 ...078

11 一起玩耍时，怎么说服朋友分享玩具 ...080

12 朋友遇到困难时，怎么说服他接受帮助 ...082

13 朋友情绪低落时，怎么说服他倾诉 ...084

校园篇

01 邀请同学加入学习小组，怎么说服更有力

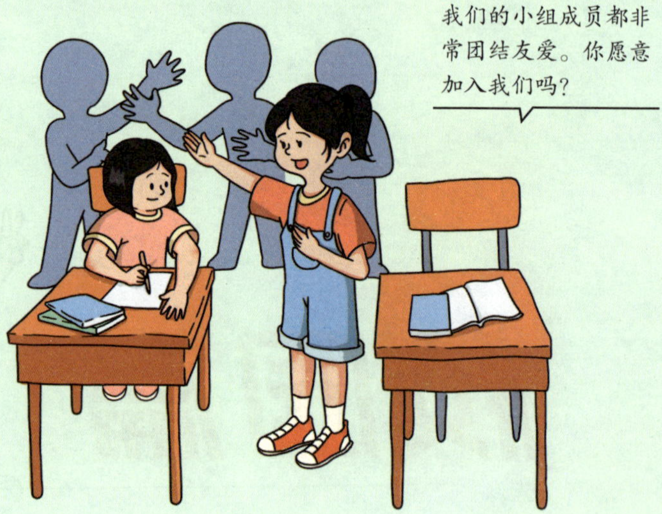

低情商说服

同学：我不想跟你一组。

小美：你不跟我一组，我就不和你做朋友了。

这样的表达有威胁的意味，且带有强烈的个人情绪，会令对方心生反感，很难让人信服。

高情商说服

小美：你的英语强、数学弱，恰巧英语是我们小组的劣势学科，数学是我们的优势学科。你加入我们小组，咱们可以取长补短，共同进步，何乐而不为呢？

这样的表达不仅给出了具体而合理的理由，而且肯定了对方的优势，很有说服力。

高情商说服技巧指导

①诚心邀请，提供支持

具体、准确地表达出小组在学习上所能提供的支持，让对方看到加入小组后能得到的好处。

示范：“我们的小组成员中有语文课代表和数学课代表，遇到难题可以第一时间得到解决。”

②给出具体理由，肯定对方的优势

给出对方加入小组的具体理由，并对对方的兴趣和特长给予肯定，让他感受到自己对小组的重要性。

示范：“我了解到你在数学方面很有天赋，你的性格也比较沉稳，我们小组正好缺少像你这样的成员，你的加入将对我们有很大帮助。”

③互帮互助，友好合作

让对方感受到加入小组后能得到积极的社交体验和友好互助的学习氛围。

示范：“我们的小组成员都非常友好，遇到难题时会互帮互助，每个人都能在这里获得成长。”

02 同学想放弃朗读打卡，怎么说服让他坚持

低情商说服

同学：我不想打卡了，太无聊了！

小刚：你放弃打卡，期末考试肯定会考不好的。

这样的表达缺少正面激励理由，痛陈恶果只会让对方产生更大的负面情绪。

高情商说服

小刚：再坚持两天，你就可以得到第三朵小红花啦！攒够五朵花，老师不仅会在全班同学面前表扬你，还会给你颁发“坚持之星”的奖状哦！

这样的表达给出了具体且看得见的“诱惑”，既可以让对方看到努力后的成果，又能激发对方坚持下去的动力。

高情商说服技巧指导

①不空谈道理，明确好处

说明短暂地坚持下去会得到什么好处，坚持到最后又会获得什么样的奖励。

示范：“坚持英语朗读打卡不仅可以帮助我们练习英语发音，而且英语老师每月会根据我们的打卡情况，给我们颁发奖状。”

②挖掘闪光点，给予鼓励

根据对方过往打卡中的表现，找到其闪光点，给予鼓励，让他找到继续坚持下去的动力。

示范：“我发现你的发音特别标准，比我强多了。你看我发音这么差都还在坚持打卡，你怕什么呢？”

③提出可行建议，激发动力

针对对方不想打卡的具体原因，提出可行建议，比如：感到无聊，就提出增加趣味性阅读的建议。

示范：“你可以换一本自己感兴趣的英文绘本，或者通过角色扮演的方式来增加打卡的趣味性，这样就不会觉得无聊了。”

03 鼓励同学参加运动会，怎么说服更能打动人心

低情商说服

同学：我不想参加任何运动项目。

小刚：不行！班主任说了，大家都得参加！

这样的表达有命令成分，没有具体的说服理由，一味拿班主任来压人，会令对方心生厌恶。

高情商说服

小刚：你跳绳那么厉害，如果能参加跳绳比赛，不仅能为班级争光，老师也会更加欣赏你的。

这样的表达既给出了具体而合理的理由，也夸奖了对方，很容易赢得对方的支持和信任。

高情商说服技巧指导

①指出优势，增加自信

适度夸奖对方的强项和优势，也可以借助他人的赞美，让对方更有自信。

示范：“体育老师多次表扬你的花式跳绳，你每次跳绳的时候，大家都会跑来观看。”

②唤起荣誉感

通过强调个人成就感和班级荣誉感，表达对对方实力的认可，让他感受到自己对集体的重要性。

示范：“运动会是一个展示个人勇气和毅力的平台，无论成绩如何，参与本身就是一种成功。你的加入既能展示你的特长，又能为班级争光。”

③强调社交机会

强调运动会是结交新朋友、增进友谊的好机会。

示范：“通过参加这次比赛，你会结交到其他班的同学，朋友圈子也会因此扩大。”

04 同学在劳动时偷懒，怎么说服不伤和气

低情商说服

同学：我累了，就想歇一会儿。

小美：大家都累，就你在这里偷懒，你好意思吗？

这样的表达带有强烈的不满，也有公然指责的成分，会让对方下不了台而伤了和气。

高情商说服

小美：劳动这么久了确实有点儿累，但搬桌子需要几个人一起配合，没你不行，你能过去帮帮我们吗？

这样的表达不仅体现了同理心，而且向对方发出了具体的求助事项，并肯定了对方的能力，很容易激发对方的动力。

高情商说服技巧指导

①避免指责，表达同理心

不要一上来就指责对方，尤其是在众人面前，避免激化矛盾；要表现出对“偷懒”的理解，引导对方放下敌对情绪并行动。

示范：“我注意到你一直很卖力地干活，其他同学也都看在眼里。短暂的休息也是为了更好地劳动，我们一起歇一会儿，然后继续奋战吧。”

②肯定能力，表达重要性

要对对方的能力和劳动成果表示肯定，强调这件事若没有对方的参与，就干不成、干不好，以此突出其重要性，激励对方行动。

示范：“现在就差桌椅归位了，你的力气是班里最大的，这件事情没你不行的！而且，你的组织能力也强，由你指挥大家一起搬桌子，一定很快！”

③询问原因，提供建议

找一个合适的时机，询问原因，比如是否分工不合理、累了等，并针对原因提出可行性的建议。

示范：“如果你觉得现在的劳动分工不合理，咱们可以一起商讨如何分配会更合理，或者找些更合适的工具来提高效率。”

05 同学不认真完成作业，怎么说服他多花时间在作业上

低情商说服

同学：我没完成作业是我自己的事情，不用你管。

小刚：谁愿意管你啊，还不是因为你给小组拖后腿了！

这样的表达带有明显的指责态度，缺乏行之有效的建议，令双方剑拔弩张，对说服对方毫无意义。

高情商说服

小刚：其实我之前也很贪玩，不愿写作业，但如果你学会我妈妈教我的“番茄闹钟法”，每天就可以轻松搞定作业！

这样的表达既展示了同理心，又给出了自己验证过的学习方法，可以引导对方求教并做出改变。

高情商说服技巧指导

①耐心沟通，表示理解

不要一上来就指责对方，要耐心沟通，询问具体原因，并表示理解。只有知晓原因，才能对症下药。

示范：“我注意到你最近作业完成得不太认真，能告诉我是什么原因吗？是觉得作业太多、太难吗？我们可以一起想办法解决。”

②借用榜样，激发斗志

通过列举因认真完成作业而受到老师表扬的同学，激发对方的学习斗志和动力。

示范：“小美每次都能因为认真完成作业而得到夸奖，如果我们也像她那样认真写作业，那我们也可以赢得老师的夸奖。”

③提出可行性建议

传授自己写作业时用的一些有效技巧，比如时间管理上的技巧：优先处理难题、优先处理紧急的科目、劳逸结合等。

示范：“我按照妈妈教我的‘番茄闹钟法’，每写 25 分钟作业，就休息 5 分钟，这样写作业一点儿都不累。”

06 同学不积极举手，怎么说服他参与课堂互动

低情商说服

同学：我害怕回答错了会被人笑话。

小美：被人笑话，也比当个默默无闻的透明人强吧。

这样的表达带有负面比较，且缺乏同理心，不仅加强了对方的恐惧感，还给别人随便贴标签，毫无信服力。

高情商说服

小美：上课积极举手发言，既能巩固知识，还能建立信心，更能让老师和同学全面了解你。何乐而不为呢？

这样的表达列出了积极举手发言的种种好处，很容易让对方跃跃欲试。

高情商说服技巧指导

①强调参与课堂互动的好处

向对方阐述积极举手发言、参与课堂讨论的好处，以及对学习和理解课程内容的重要性。

示范：“通过举手发言，提出疑问或回答问题，不仅可以帮助自己巩固知识，还能提高思维能力和语言表达能力，所以我们都要积极参与课堂互动。”

②勇于尝试，消除顾虑

引导对方正确认识课堂互动，答错并不代表失败，不需要害怕。千万不要因答错或被人嘲笑而放弃学习和自我提升的机会。

示范：“每个人对课堂讨论都有独特的见解，答错并不可耻，反而是一种贡献和学习，能帮助大家更准确地掌握知识点。”

③鼓励发言，逐步改变

鼓励对方从勇敢举手，到回答简单问题，再到畅所欲言，逐步适应并享受互动。

示范：“我们班是一个友善的集体，没有发过言的同学可以试着从简单的问题开始，逐渐增加难度，慢慢就适应了。”

07 同学自习时间说话，怎么说服能有效阻止

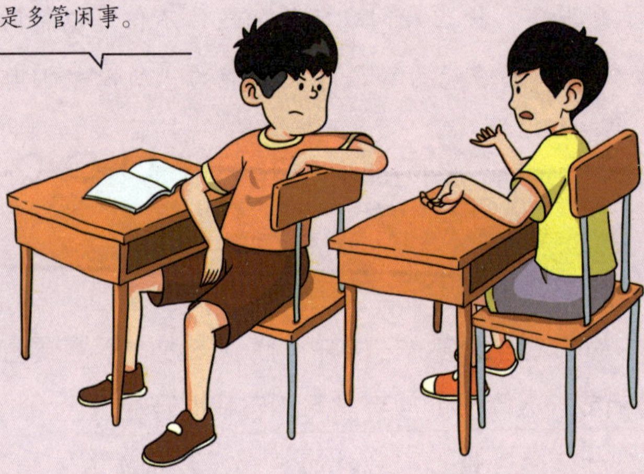

低情商说服

同学：我说话声音又不大，你真是多管闲事。

小刚：你这是违反班级纪律，会影响到大家学习，是不对的。

这样的表达有公然指责的意思，让对方陷入了难堪的境地，不仅会令对方反感，还会让对方觉得你在多管闲事。

高情商说服

小刚：同学，现在是自习时间，保持安静可以让我们更好地集中注意力。你可以换个时间再聊吗？谢谢！

这样的表达以礼貌且直接的方式提醒对方，可以避免过于严厉或指责的语气引起的冲突。

高情商说服技巧指导

①说明遵守纪律的重要性

强调纪律良好的班级能够为学生提供一个安静、有序的学习环境，有利于提高学习效率。

示范：“保持良好的课堂纪律对我们的学习至关重要。让我们保持安静，共同营造一个良好的学习环境吧！”

②指出自习时间说话的影响

强调自习时间说话对自己和他人的具体影响：不仅是对纪律的无视，也是对他人学习权利的侵犯。

示范：“自习课说话不仅影响了自己，也影响了他人的学习。如果你正在专心解题，耳边突然传来的说话声，打断了你的思绪，这时你会感到多么沮丧和无助。”

③提出可行方案

可以建议对方在课后或休息时间找一个合适的地方进行讨论，或者鼓励对方通过其他方式，如纸条、笔记等，进行非口头交流。

示范：“如果真的有问题，我建议在课后或休息的时候讨论，这样既可以满足你们的需求，又不会干扰到其他同学的学习。你觉得呢？”

08 同学乱扔垃圾，怎么说服他保护校园环境

低情商说服

同学：垃圾扔哪儿不都一样吗？反正值日生会清走。

小美：你这样很没有公德心。如果大家都像你这样，校园得脏乱差成什么样子？

这样的表达站在道德高处指责对方，没有提出建设性意见，很容易激起双方矛盾。

高情商说服

小美：保持干净、整洁的校园环境，不仅能让我们的学习和生活更加舒适，还有益于我们的身体健康。保护校园环境，需要我们每个人都付出努力。

这样的表达强调了校园环境的重要性，可以引发对方对自己行为的思考。

高情商说服技巧指导

①正面表达而非指责

明确表达垃圾对环境的危害，以及保护校园环境的重要性。同时，多用“我们”，少用“你”，避免对方误解为指责。

示范：“我们在校园学习，就要爱护校园环境。我们乱扔垃圾时，实际上是在侵犯其他同学的权利，破坏他们的学习环境。”

②激发环保意识

鼓励对方加入班级环保行动，承担起保护校园环境的责任，切身体会维护校园环境的重要性，激发对方的环保意识。

示范：“让我们一起加入学校环保社团，一起切身感受保护校园环境的快乐与重要性。”

③强调获得的荣誉感

告知对方保持校园环境干净、整洁，学校会颁发卫生荣誉红旗，激发对方的荣誉感。

示范：“如果我们能一直保持校园环境干净，学校会给我们颁发个人的卫生荣誉红旗。”

09 参加班委选举，怎么说服同学投你一票

低情商说服

同学：我还没想好投给谁。

小刚：我们是好朋友，你必须投给我。

这样的表达带有情感勒索的意味，交情和能否胜任班委是两回事，强迫别人投票给自己，会让对方心生反感。

高情商说服

小刚：我在组织活动和管理班级方面有经验，可以胜任班委工作。我当上班委之后，有信心在下学期让咱班变成模范班集体。所以，我希望你能相信我，投给我宝贵的一票。

这样的表达表明了胜任理由和上任后的目标，很容易让人信服。

高情商说服技巧指导

①明确竞选目标

清晰地表达参选理由和你的目标，让同学们感受到你的信心和责任感。

示范："上学期我作为小组长，多次得到班主任的夸奖。这学期，我希望能竞选上班长，服务更多的同学，最终带领班级拿下年级模范班集体的锦旗。"

②具体展示能力

举例说明你在组织某项活动、沟通协调某次冲突事件等方面的经验和能力。

示范："之前有同学打架，我处理得很好，成功说服他们停止打架，并握手言和。老师夸我性格沉稳、遇事冷静，我希望竞选纪律委员，把自己的这一优势发挥得更好，让我们的班集体更和睦。"

③提出具体计划

根据同学们的需求和希望解决的问题，提出切实可行的计划，让同学们看到你上任后的具体行动。

示范："不少同学质疑劳动分配和班级纪律的公平性，若我当选，我会重新调整任务分配规则，对不遵守纪律者制定三级惩罚措施，逐步改善班级现状。"

10 想借同学的课外书，怎么说服达到目的

低情商说服

同学：这是我最喜欢的书，我才不外借呢。

小美：你也太小气了吧！一本书有什么了不起。

这样的表达有指责意味，无法说服对方。

高情商说服

小美：我也有本特别好看的书，我可以和你这一本交换吗？我保证不会有任何损坏，一星期后还你。

这样的表达不仅提出了交换，并且给出了明确的承诺，很容易得到对方的同意。

高情商说服技巧指导

①找共同话题，为借书铺垫

找一个适当的时机，和同学聊这本书的角色或情节，表达你对这本书的兴趣，通过建立共同话题为借书铺垫。

示范："听说你也喜欢《哈利·波特与死亡圣器》？你最喜欢哪句咒语呢？"

②礼貌提出请求

建立沟通后，在合适的时机用礼貌的语言直接说明你的意图，并约定归还时间。

示范："听说你有一本《哈利·波特与死亡圣器》，能否让我借阅一下？我保证三天后完好无损地还你。"

③提供交换条件

如果对方面有难色，你可以提出交换阅读，增加让对方同意的可能性。

示范："我家有这一系列的其他书，如果你愿意的话，我们可以交换阅读。"

11 同学对你有攻击性语言或行为，怎么说服能化解

低情商说服

同学：你这么做事简直就是缺心眼儿！

小刚：你才是，你们全家都是！你这样骂我，早晚会遭报应。

这样的表达只会激化矛盾，让小事升级到不可调和状态。

高情商说服

小刚：无论我们有什么分歧，我真的很珍惜我们的友情，所以我们需要先冷静下来，再解决问题，而不是彼此指责。你觉得呢？

这样的表达展现出了休战态度，并积极主动商谈，更容易让对方冷静下来。

高情商说服技巧指导

①稳住情绪，保持冷静

在面对对方言语或行为攻击时，保持冷静至关重要。不要被对方的言语或行为激怒，这样可能会导致情况恶化。

示范：“虽然我不知道你为什么要攻击我，但我觉得我们需要先冷静一下。”

②私下沟通，有效表达

找一个合适的时机和地点，与对方进行私下沟通。在对话中避免使用指责的语言，多用商量的口吻和反问句。

示范：“不如我们先冷静一下，你跟我到那边安静的地方，仔细给我讲讲我哪里做错了，可以吗？”

③寻求共同点，提出解决方案

表达歉意，尝试找到双方都认同的共同点，寻找化敌为友的办法。

示范：“尽管我们有不同的看法，但我相信我们的目标是一样的。所以，我们可以协商一个双方都能接受的解决方案。”

12 同学与他人有冲突，怎么说服能平息

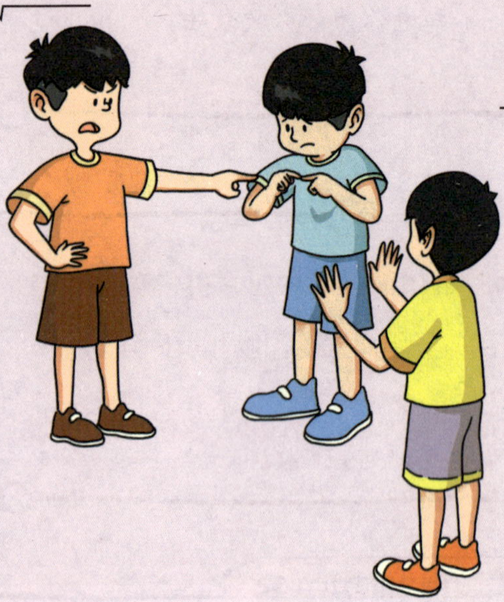

低情商说服

同学：我骂他，关你什么事！

小刚：你这样欺负人，真的很糟糕，我最看不惯你这种人。

这样的表达是对对方的批判，容易激化矛盾，会让场面更加难以收拾。

高情商说服

小刚：我知道你一定很生气，也感到委屈。不过你现在需要冷静一下，给大家讲讲你的想法，好吗？

这样的表达表明了自己是为解决事情而非看笑话，容易让对方冷静下来。

高情商说服技巧指导

①表达同理心

表示你很理解对方为何生气，对他的过激行为感同身受。

示范：“我理解你为什么会这么生气，换作我，我可能也会有同样的感受，甚至可能比你更冲动。”

②安抚情绪

提出缓和情绪请求，希望冷静下来，表示愿意倾听事情原委。

示范：“生气和暴力不能解决根本问题，你先消消气，跟我说说他做了什么，为什么让你这么生气，好吗？”

③积极引导

在倾听的过程中，多用积极的语言和商量的口吻，提出具体解决方案。

示范：“你要是相信我，我可以从中调和，相信一定能够找到一个让双方都满意的办法。”

13 因事想请假，怎么说服老师同意

❌ 低情商说服

老师：马上要备战期末考试了，非必要不准请假！

小美：事发突然，我爸爸说必须请假。

这样的表达过于强硬，且仅表达了单方面的迫切需求，缺乏让人信服的理由。

✅ 高情商说服

小美：老师，我爷爷重病，我必须回去看望。在此期间，我保证每天会完成笔记抄写和当日作业。

这样的表达既给出了合理的理由，又给出了不耽误学习的方案，很容易获得老师的批准。

高情商说服技巧指导

①清晰地表明请假需求

要清晰地说明请假的具体原因，最好能提供有说服力的证明，并说明情况是突发的，而且是自己无法控制的。

示范：“老师，很抱歉突然打扰您，由于家人突发健康问题，我需要请假三天。”

②保证学业不受影响

请假时，向老师表明自己对学业的重视，并保证你会在请假期间尽可能地按时学习，及时跟上同学的学习进度。

示范：“小美会每天传给我课堂笔记，我确保学业不会因为这次请假而受到影响。返校后，我会与各科老师联系，以确保我没有遗漏任何关键的知识点。”

③表达诚意与感谢

向老师表达你的诚意，同时感谢老师对你的理解和支持。

示范：“老师，我真诚地希望您能批准我的请假申请。我保证尽快处理完家里的事情后就回到学校。”

14 想成立音乐社团，怎么说服老师给予支持

低情商说服

老师：搞什么音乐社团，多耽误学习，而且我很忙的！

小刚：现在校园音乐社团很流行，就我们学校没有，您就批准了吧。

这样的表达避重就轻，没有理解老师的担忧，理由不够充分，很难让老师信服。

高情商说服

小刚：我们保证所有的社团活动都会妥善安排，不会影响同学的学习。我相信，有了您的支持和指导，我们的音乐社团一定能够取得更好的成绩，为我们的学校增光添彩。

这样的表达减轻了老师的担忧，也发出了明确的请求，做出了承诺，容易赢得老师的支持。

高情商说服技巧指导

①强调社团的价值

强调音乐社团对学生素质教育的贡献，展示音乐教育对学生全面发展的重要性。

示范：“音乐社团不仅能帮助学生学习音乐技能，还能培养团队合作精神和创造力。”

②展示热情和承诺

表现出你对音乐的热爱和对社团工作的认真态度，承诺不影响学习。

示范：“我知道成立一个社团需要付出时间、精力，但我真的热爱音乐。我承诺，在不影响学习的前提下，我会为学校争来更多的荣耀。”

③提出支持事项

明确提出自己具体需要哪些方面的支持，并提出具体可行的方案。

示范：“我们需要学校的支持，特别是场地使用和一定的资金预算。而且，我们恳请您能担任社团的指导老师，您的加入将对社团有着不可估量的帮助。”

15 没有如期完成作业，怎么说服老师延期

低情商说服

老师：别人都能按时完成作业，为什么就你不能？

小美：可是老师，我真的已经尽力了，您就宽限我几天吧。

这样的表达有狡辩成分，缺乏实际的说服理由，只会让老师觉得你没有把精力放在学习上。

高情商说服

小美：老师，没有按时完成作业是我不对，是我写作业时太拖沓磨蹭，我会改掉这个坏习惯，以后决不会再犯这样的错误了。请您允许我明天把作业补全，好吗？

这样的表达先承认了错误，并阐述了未按时完成作业的理由，也为后续学习做出承诺，容易赢得老师的支持。

高情商说服技巧指导

①诚恳说明原因

清楚、诚恳地说明无法按时完成作业的原因，原因须真实且合理，最好有证据。千万不要编造借口。

示范：“老师，我因为生病而没能按时完成作业，我很抱歉。这里有医院的诊断证明，您过目。”

②提出延期申请

明确提出延期申请，说明具体延期时间，比如延期三天，并表达如何利用这段时间高效完成任务，以此表示对学业的重视和责任感，同时有助于老师了解你的具体情况。

示范：“我恳请您能够考虑将我的作业延期一天。我全力以赴完成作业，并保证作业的质量。”

③对老师的决定表示尊重和感谢

向老师表达感谢和尊重。感谢老师的理解，同时尊重老师的决定和安排。

示范：“对可能会给您带来的不便，我感到很抱歉，但我希望您考虑我的请求，我愿意接受您的决定。”

公共场合篇

01 在游乐场，怎么说服陌生人按顺序排队

低情商说服

陌生人：我非常想玩这个项目，一直排不到才插队的。

小刚：你可真讨厌，就你想玩，谁不想玩呀？你太没有公德心了。

这样的表达等同于公开指责，会让对方没面子，下不了台面，从而激化矛盾。

高情商说服

小刚：你好，你可能没看到队尾，队伍是从这边开始的。为了确保每个人都能公平等待，你需要到后面排队。

这样的表达用了温和提示和商量的语气，软中带硬地提出了诉求，让对方比较容易接受，且不会激发矛盾。

高情商说服技巧指导

①礼貌指出问题

以友好和礼貌的方式提醒对方没有按顺序排队，即使明知道对方是故意插队，也要贴心地帮他指出队尾方向。

示范：“你好，你可能没弄明白队伍是怎么排的，你站的位置不是队尾哟！队尾在我手指的方向。”

②强调排队的公平性

温和地指出排队的规则，强调按顺序排队对大家都公平。

示范：“大家都按顺序排队的话，其实很快的，而且这样对每个人都很公平。”

③自证排队的好处

现身说法，以自己的排队经历告诉对方这样做其实能更快玩到游戏，也可以适时吸引众人附和。

示范：“我从队尾排到这里只用了几分钟，真的挺快的，而且我已经玩了三个项目，都是这么排过来的。”

02 在公交、地铁上，怎么说服陌生人礼让

低情商说服

陌生人：谁挤你了？我又没占多少地儿。

小刚：你躲开，都快把我挤得喘不过气了，还说没挤呀！

这样的表达比较“呛人”，带有明显的不满，而且没有站在对方角度表达同理心，很容易引发冲突。

高情商说服

小刚：车上人太多了，我知道你也很难受，但如果我们能稍微调整一下位置，大家都会比较舒服，拜托了！

这样的表达给出了情绪价值和合理的建议，很容易让对方接受、理解，并按照建议去做。

高情商说服技巧指导

①礼貌提醒，委婉表达

以礼貌和友好的语气提醒对方不要挤，表达要委婉、温和，避免造成不必要的冲突。

示范：“叔叔，不好意思，我有点儿站不稳，您能稍微往旁边挪一下吗？”

②表示理解，提出建议

表达你对乘车疲劳或此刻处境的感同身受，并提出具体的诉求，表达这样做可能大家都会舒服一些。

示范：“正是早高峰，车厢里人太多，我知道您也很挤，那边还有位置，麻烦您稍微移动一下，谢谢啦。”

③表达感谢，展示友好

无论对方是否采纳了你的建议，都要表达自己的感谢，展示出休谅和友好，消除尴尬。

示范：“谢谢您的理解，稍微分散开一点，空间大了，大家的心情也会好很多。”

03 在图书馆，怎么说服陌生人保持安静

低情商说服

陌生人：这又不是你家，你管得着吗？

小美：你说话这样大声已经影响到大家了，你太没素质了。

这样的表达带有明显的个人情绪和批判的意思，容易激起对方的不满，引发冲突。

高情商说服

小美：您好，大家都在安静看书，如果可以的话，您能说话小声点儿，或者出去接电话吗？谢谢！

这样的表达既给出了明确的建议，又表现得足够礼貌，容易让人意识到自己的问题并改正。

高情商说服技巧指导

①礼貌友善提醒

以礼貌和友好的方式，轻声向对方指出在图书馆需保持安静。

示范：“您好，这里是图书馆，需要保持安静哟！这样大家才能专心阅读或学习，谢谢您的配合。”

②提出改正建议

用商量的语气进一步劝说对方降低音量或者出去处理事情。

示范：“您能降低一下音量，或者出去接电话吗？我们需要一个安静的环境专心复习，谢谢您的理解！”

③寻求外力帮助

如果对方态度极其恶劣，完全不配合，可以寻求工作人员或其他人的帮助。

示范：“打扰了，我尝试了让他保持安静，但似乎没有效果。能请您帮忙劝说一下吗？”

04 在公园，怎么说服陌生人不要破坏花草树木

低情商说服

陌生人：这么多花儿，摘一朵有什么大不了！

小美：你这是破坏公物，是不道德的行为，我要让管理人员惩罚你。

这样的表达带有明显的批判、指责和威胁，不仅无法说服对方，还会让对方心生反感。

高情商说服

小美：公园有禁止摘花和破坏树木的规定，这是为了保护公共资源。如果您喜欢这些花，可以拍照留念，这会比摘下来保留的时间更久哟！

这样的表达既说明了公园的规定，又提出了建议，可以让对方感受到尊重与诚意，从而更愿意配合。

高情商说服技巧指导

①表达理解，温和提醒

通过共鸣与对方建立情感联系，并以温和的方式提醒对方，避免引起对方的反感。

示范：“我也很喜欢这些美丽的花朵和树木，它们确实很吸引人。但这里的每一株植物都是经过精心培育和照料的，需要我们保护，而不是采摘。”

②提出建议，给予选择

建议停止破坏行为，并提出更加友好的方式，比如拍照。

示范：“如果您喜欢这些花草树木，不妨用相机记录下它们的美丽，或者静静欣赏，这样既能留下美好的记忆，又能让更多的人享受到这份自然之美。”

③积极引导，保护环境

解释花草树木对公园环境的重要性，引导并鼓励对方保护环境。

示范：“这些花草树木不仅能美化公园环境，还能为我们提供舒适的休闲场所。我们一起保护公园环境，好不好？”

05 在篮球场，怎么说服队友遵守比赛规则

低情商说服

队友：这怎么算犯规？你自己接不住球还怪别人！

小刚：你会不会打球啊？懂不懂规则啊？

这样的表达带有明显的指责成分，会激发双方矛盾，不利于团队协作。

高情商说服

小刚：我知道大家都想赢，但是赢球的方式也很重要。我们要遵守规则，展现出我们的实力和风度。

这样的表达既建立了共鸣，又阐述了遵守规则的益处，很容易赢得他人的支持和信任。

高情商说服技巧指导

①强调团队精神

说明篮球比赛是一种团队比赛，共同的目标就是赢得比赛。

示范：“我们作为一个团队，要有团队精神，每个人都是不可或缺的一部分。我们要相互支持和信任，才能取得更好的成绩。”

②肯定规则的意义

让队友明白遵守比赛规则的重要性，以及违规可能导致的后果。

示范：“规则确保了比赛的公平性。如果我们遵守规则，即使输了，也是光荣的失败；如果我们不遵守规则，即使赢了，也不会光彩。”

③给予友好建议

要针对队友违规行为，友好地提出改进建议。

示范：“下次防守时，要多注意一下防守动作，严格遵守比赛规则，减少犯规次数。”

06 与人发生碰撞时，怎么说服对方和平解决

低情商说服

同学：你就是故意撞我的吧？

小刚：我只是急着赶路而已，难道你就没有责任吗？

这样的表达有辩解和推脱的成分，只会火上浇油，让对方情绪更激动。

高情商说服

小刚：对不起，我不是故意的。你没有受伤吧？要不要我陪你一起去看医生呢？

这样的表达表明了友善的态度，并提出了明确的解决方案，容易让对方冷静下来，从而达成和解。

高情商说服技巧指导

①真诚表达歉意，确认双方安全

无论碰撞是否是自己不小心造成的，都应在第一时间向对方道歉，询问伤情，这样会让对方的情绪缓和下来。

示范："对不起，不小心撞到你了。你没有受伤吧？"

②保持礼貌，耐心解释

保持礼貌，耐心向对方解释事情的经过，让对方理解这不是故意的行为。

示范："不好意思，刚才光顾着处理紧急的事情，没注意到，就不小心撞到你了。非常抱歉，我不是故意的。"

③友好协商，提出和解方案

如果是自己的责任，要表现出补偿的诚意；如果是双方都有责任，一起协商解决。

示范："发生这样的事是我们都不愿看到的，但既然发生了，我们就心平气和地解决，不要因此产生不愉快。"

07 被人辱骂时，怎么说服对方注意文明

低情商说服

同学：你就是一头蠢猪！

小刚：你才是，你们全家都是！你骂我的一律“反弹”！

这样的表达属于非理智回复，只会激化矛盾，对于解决问题无济于事。

高情商说服

小刚：你感到愤怒，我可以理解。我们可以沟通解决，但辱骂他人是一种不文明、不道德的行为，对解决问题丝毫帮助都没有，我希望我们冷静下来，好好解决问题。

这样的表达先表示理解，容易让对方冷静下来，再进入理性沟通状态。

高情商说服技巧指导

①保持冷静，避免冲突升级

面对他人辱骂要保持冷静，切勿以牙还牙，避免使双方冲突更加激烈。

示范：“我知道你可能因为某些事情对我很生气，但这样的辱骂并不能解决问题。我觉得我们应该先冷静一下再沟通。”

②指出问题，解决问题

指出对方的不文明行为，并引导对方关注问题本身，并提出合理、可行的解决办法。

示范：“你的辱骂让我非常不舒服，我们需要做的是找到解决问题的方法，要不咱们找一个中立的人，一起冷静地分析一下？”

③表明底线，互相尊重

如果对方的辱骂持续不断，可以明确告诉对方不接受言语攻击，互相尊重是解决问题的基础。

示范：“我不认为辱骂是解决问题的最佳方式。如果你继续这样不文明，我将不得不结束这次对话。我只愿意在相互尊重的基础上解决问题。”

08 演讲前，怎么说服对方不要害怕和紧张

低情商说服

朋友：马上要上台了，我紧张得浑身冒汗。

小刚：瞧你那点儿出息，台下都是同学，还会吃了你吗？

这样的表达有站着说话不腰疼的感觉，没有给出实质性建议，只会让对方更紧张。

高情商说服

小刚：紧张是正常的，不过你已经准备了这么久，一定没问题的！这样吧，我陪你听听音乐，缓解一下紧张情绪。

这样的表达既给出了情绪价值，又提出了缓解方法，容易让对方放松并找到自信。

高情商说服技巧指导

①表达共情，缓解紧张

说明紧张是正常的，经验丰富的演讲者也会这样，让对方觉得你此刻很理解他。

示范："我明白你现在的感受，你可能有些不安，这是很正常的反应。不必担心，即使是经验丰富的演讲者也会感到紧张，这是人的自然反应。"

②积极肯定，增强信心

对对方的兴趣和特长给予肯定，增强对方的自信心，让他更有信心面对演讲。

示范："这个主题你已经讲过多次了，大家选你来演讲，就是觉得这个话题你最熟悉，况且又准备了这么久，你一定能行的！"

③练习演讲，迎接挑战

多做演讲练习，有助于让对方熟悉演讲内容，更有勇气迎接挑战。

示范："与其在焦虑上浪费时间，不如咱们一起再做一次演讲练习吧？"

09 朋友参加比赛，怎么说服他不要有过多的压力

低情商说服

朋友：马上正式比赛了，我压力真的好大啊！

小美：很多人比你压力还大，开心点儿吧！

这样的安慰并不能让对方感受到自己的情绪和处境被看见，只会让对方压力更大、更加焦虑。

高情商说服

小美：别担心，比赛前感到有压力是很正常的，来做几个深呼吸，可以缓解紧张的情绪。

这样的表达安抚了朋友紧张的情绪，也提出了有效建议，可以让对方放松下来。

高情商说服技巧指导

①认可情绪，表达理解和共情

告知对方赛前有压力是正常且难以避免的，并表示理解和认同。

示范：“你有这样的感受是正常的，换作我也会觉得压力很大。但是，有压力才有动力嘛，让我们积极迎接挑战吧！”

②直面压力，减轻压力

可以建议对方深呼吸，听一些放松的音乐，谈论一些感兴趣的话题，或讲一些笑话，让身心放松下来。

示范：“你可以尝试一些方法来减少压力。比如，在比赛前进行深呼吸，或者听一些放松的音乐。保持放松，能让你在比赛时更专注。”

③给予鼓励，增加肢体接触

肢体接触在人际交往中扮演了重要角色，它是一种非语言的沟通方式，通过肢体接触传递情感，促进荷尔蒙的释放，有助于提升情绪和幸福感，减轻压力。

示范：“我相信你，一定会取得令自己满意的成绩。”接下来，给朋友一个温暖的拥抱，搂搂他的肩膀，或者摸摸他的头，都能给他带来积极的能量。

10 买错东西时，怎么说服老板退货

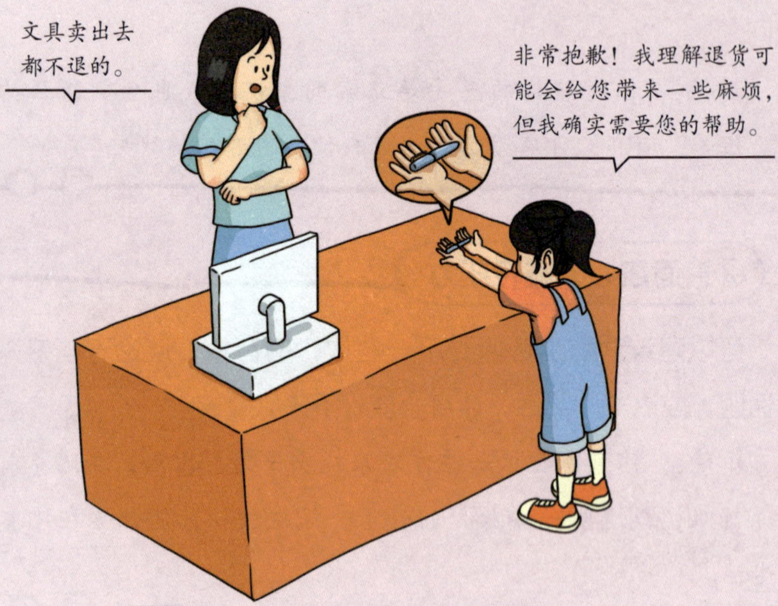

低情商说服

老板：打折的商品卖出去都不退不换的。

小美：可是我买错型号了，根本没法用，你凭什么不给我换？

这样的表达过于强硬，而且只站在自己的角度，对老板来说没有任何说服力。

高情商说服

小美：老板，我是您家的老顾客了。刚才是我大意，看错型号了，麻烦您帮我换下货吧，我会给您介绍更多的顾客。

这样的表达态度诚恳，提出的解决方案兼顾了双方的利益，比较容易说服老板。

高情商说服技巧指导

①保持礼貌，表达歉意

买错东西时，要友善、礼貌地跟商家沟通，并表达歉意，显示自己的诚意，并消除对方的防备心理。

示范：“您好，打扰一下，我一不小心买错了型号，真的很抱歉。”

②提供证据，说明情况

准备好相关的购买凭证，证明物品购买地点，并诚恳地向商家说明退货的原因。

示范：“不好意思，我买错型号了，需要退掉这个商品，这是购买凭证。给您带来了不便，非常抱歉。”

③表达诉求，表示感谢

向商家清楚地表达你的诉求，如全额退款或者换货。同时，不要忘记对商家的理解和帮助表示感谢。

示范：“我可以补差价或者按照店里的退货政策来处理。谢谢您的理解和帮助！”

11 有人在公共场所抽烟，怎么说服他

低情商说服

陌生人：我太困了，就忍不住抽一根。

小美：您这样做是让大家都跟着吸二手烟，害人又害己。

这样的表达是赤裸裸的指责，会引起对方的强烈反感，反而不会停下来。

高情商说服

小美：叔叔，您好！我知道吸烟对您来说可能是一种放松的方式，但这里是不允许吸烟的区域，而且二手烟对大家的健康都有很大的影响。

这样的表达既表示了理解，又温和而坚定地表明了立场，能让对方意识到自己的错误。

高情商说服技巧指导

①态度亲切，指出问题

保持礼貌和尊重，提醒抽烟者在公共场所抽烟是不对的，避免指责或争吵。

示范："叔叔，我爸爸也抽烟，所以我知道忍住不抽烟很难受，但是这里是公共场所，不允许吸烟哟。"

②条理清晰，说清理由

说明公共场合禁烟的重要性，并向对方阐述吸烟的危害，可以让对方更容易理解你的请求。

示范："公共场所禁止吸烟是为了保护不吸烟者的身体健康。无论是吸烟，还是吸二手烟都对身体健康有很大的危害，可能会引发心脏病、肺癌等。"

③提出方案，维护公共环境

建议对方到指定的吸烟区去抽烟，同时呼吁大家共同维护公共环境。

示范："叔叔，如果您实在太需要吸烟，附近有一个指定的吸烟区，我可以带您过去。谢谢配合！"

12 同学在墙上乱涂乱画，怎么说服他不这样做

低情商说服

同学：我这是为这面枯燥的墙壁增添靓丽的色彩！

小美：你这是在破坏公物，这样做是不对的，我要告诉校长。

这样的表达充满了指责和威胁，会让对方反感，甚至引起不必要的冲突。

高情商说服

小美：同学，用涂鸦的方式表达个性与创意，是值得欣赏的行为。但随意在公共空间乱涂乱画，是损害公物，还会受到处罚。你这么喜欢画画，可以去参加学校的文艺社团呀！

这样的表达晓之以理，动之以情，还提供了可靠建议，比较容易让对方欣然接受。

高情商说服技巧指导

①肯定艺术天赋

首先肯定对方的艺术天赋，然后建议对方在指定的涂鸦区创作就更好了。

示范：“同学，我发现你确实很有艺术天分，如果能在指定的涂鸦区尽情展示你的才华，一定会很棒。”

②强调公共环境的重要性

强调乱涂乱画会破坏公共环境的美观和整洁，影响他人的视觉体验，并指出维护公共环境是每个人的责任。

示范：“同学，这面墙是大家共同拥有的公共环境，每个人都应该珍惜它。乱涂乱画会让墙面变得杂乱不堪，影响整个环境的美观。”

③引导正面行为

提出一起参与清洁或修复墙壁的建议。

示范：“同学，维护干净、美丽的校园环境人人有责，让我们一起把这面墙恢复如初吧！”

日常生活篇

01 周末想跟同学出去玩，怎么说服家长同意

低情商说服

妈妈：快要考试了，周末好好在家复习，多看看书。

小美：天天看书都要看吐了，周末我要和同学出去玩！

这样的表达给人一种“不听家长规劝，不好好学习，只想着玩”的感觉，容易激起家长的怒火。

高情商说服

小美：复习也要劳逸结合，效率才会高。周末两天时间，我想和同学出去玩半天，剩下的一天半在家复习。

这样的表达强调劳逸结合更能提高学习效率，并将学习计划告知，更容易得到家长的允许。

高情商说服技巧指导

①理解家长的担忧

家长不答应你和同学出去玩，可能是怕耽误学习，还可能担心你的安全。你要理解家长的这种担忧，并且拿出自己的态度。

示范：“爸爸妈妈，我知道你们担心我出去玩会不安全，我保证一定随时跟你们报告行程，并按时回家。”

②展示自己的详细规划

告知家长详细的活动计划，包括时间、地点、人员、活动内容等，并保证自己能够对自己的行为负责，让家长放心。

示范：“您放心吧，我们只在公园逛逛、说说话，不乱跑。我带着电话手表，半个小时就给你打个电话。下午三点前肯定回来，这样还能赶得上三点半的网课。”

③表明自己恳切的态度

让家长感受到你对自己行为和安全的责任感，并承诺一定遵守规定，保持联系，并按时回家。

示范：“我会保持手机畅通，随时与你们保持联系。如果发生任何意外情况，我会立即回家并告诉你们。”

02 家长干涉你交友，怎么说服他们尊重你的交友自由

低情商说服

妈妈：小文学习成绩一直倒数，你少跟她一起玩。

小美：这是我自己的事情，你不要干涉我！

这样的表达有很强的反抗情绪，虽然妈妈的做法不可取，但这样说只会激起矛盾，对问题解决没有任何好处。

高情商说服

小美：我知道您的担心，小文虽然学习差点，但也有优点，比如性格外向、开朗，人很善良，特别爱帮助他人，她身上有我没有的优点。

这样的表达既展示了对父母的理解，又展示了自己选择朋友的分寸和智慧。

高情商说服技巧指导

①表达对父母的理解和尊重

告诉父母，你理解他们对你的干涉是出于爱和关心，这可以让他们更愿意倾听你的观点。

示范：“爸爸/妈妈，我知道，你这么说是为了我好，干涉我交朋友也是怕我受到不良影响。”

②阐述与朋友交往的积极影响

向父母阐述交友的积极影响，如互相学习、共同成长等，这可以让父母更直观地了解你的朋友的价值。

示范：“他/她在学习上很努力，也很有礼貌。我们在一起时会互相鼓励、帮助。”

③分享与朋友交往的点滴

向父母承诺保持沟通，与他们分享与朋友交往的点滴，并让他们知道你会对自己的行为负责，同时强调和不同性格的朋友相处也是一种学习的过程。

示范：“我会和你们保持沟通，让你们了解我与朋友之间的交往情况。请相信我，我会对自己的行为负责。”

03 不想上兴趣班，怎么说服家长同意

低情商说服

爸爸：你都上了一年多的课了，怎么也得坚持学下去！

小刚：反正我就不想学了！你不能逼我！

这样的表达非常情绪化，只会将矛盾激化，刺激家长做出失控的行为。

高情商说服

小刚：我非常感谢家里一直支持我上这个兴趣班，但最近我学起来特别吃力，心里也觉得很压抑。我不知道这种状态还能不能调整过来。

这样的表达向家长说明了自己对兴趣班的态度和感受，并尝试理解他们的立场，这样更容易协商出一个双方都能接受的解决方案。

高情商说服技巧指导

①表达感激之情

在提出自己的要求之前，先向家长表达你对他们一直以来支持和关心的感激之情。这有助于建立良好的沟通氛围。

示范：“我非常感谢家里一直支持我上这个兴趣班，每次都要接送我，我真的非常感激。”

②坦诚表达感受

以诚实和坦率的态度向家长说明你上兴趣班的感受，比如忙不过来、兴趣转移了、学业上的压力很大等。

示范：“我觉得现在的学习压力比较大，继续上兴趣班，让我感到有些吃力。”

③提出替代方案

如果可能的话，提出一个替代方案，以展示你并不是在逃避学习或者一心想玩耍，而是在寻找更适合自己的发展方向。

示范：“停了兴趣班后，我周六下午的时间就空下来，我想用这段时间去打篮球，一是锻炼身体，二是发展一项体育特长。”

04 想养一只宠物，怎么说服家长同意

低情商说服

小美：妈妈，你就给我买只小狗吧，求求你了。

妈妈：不买。家里养小狗，你就更没心思学习了。

这样的表达虽然恳切地表达了自己的诉求，但没有消除妈妈心中的顾虑，所以很难打动她。

高情商说服

小美：妈妈，您不是说我要多下楼、多晒太阳吗？您给我买只小狗吧，这样我下楼就有动力了。

这样的表达围绕父母对自己的担心展开，给出了养宠物的充分理由，更容易说服妈妈。

高情商说服技巧指导

①列出养宠物的益处

强调养宠物的好处，比如带来欢乐和陪伴，减轻压力，培养爱心、同情心和责任感，增加户外活动和身体锻炼的机会。

示范：“养只可爱的小狗能给我们带来无尽的快乐，还能让我拥有责任感和爱心。您觉得呢？”

②展示自己对宠物的责任心

家长不同意你养宠物，可能是卫生、噪声、经济等方面的原因，你可以提出具体的解决方案，比如定期给狗狗洗澡、用零花钱承担部分宠物费用，以此打消家长的顾虑。

示范：“我承诺会每天负责狗狗的喂食、清洁和训练，确保它不会对家里造成任何困扰。我还愿意拿出我的零花钱买狗粮。”

③提出具体的养宠计划

准备一个详细的养宠计划，包括宠物的日常照顾、训练、医疗保健等，并且保证不会影响到学习和生活。

示范：“妈妈，我已经制订了一个详细的计划，包括每天的喂养、清洁和陪伴时间。我保证会按时完成这些任务，不会让它影响到我的学习和生活。”

05 想要玩具，怎么说服家长购买

低情商说服

妈妈：家里那么多玩具，怎么又要买？

小刚：您上次答应给我买玩具的，您不能说话不算话！

这样的表达是逼迫妈妈买玩具，哪怕妈妈同意了，对彼此也是一种伤害。

高情商说服

小刚：这个玩具不仅有趣，还能锻炼我的动手能力、创造力、想象力。您能不能给我买这个玩具？

这种表达清楚地说明了这个玩具的好处，以及你对它的喜爱，理由合理且充分，很有说服力。

高情商说服技巧指导

①给出明确且合理的理由

清楚地表达你想要这个玩具的原因，以及这个玩具所带来的好处，确保理由合理且能够说服妈妈。

示范："这个玩具可以锻炼我的耐心和专注力，同时能让我学到一些新知识。"

②展示责任感和计划

告诉妈妈你将如何妥善保管玩具，以及如何平衡学习和玩耍的时间，让妈妈相信你不会因为玩具而耽误其他重要的事情。

示范："妈妈，我保证会合理安排时间，不会让玩具成为我学习的绊脚石。"

③承担部分费用

如果玩具有点儿贵，主动提出自己用零花钱承担一部分费用。

示范："这个玩具的确有点儿贵，我可以拿出我的压岁钱支付一部分。"

06 弟弟妹妹太吵，怎么说服他们不要打扰自己学习

低情商说服

小美：你能不能别吵我！没看到我在学习吗？再吵，小心我揍你！

弟弟：妈妈，姐姐欺负我！

这样的表达是在逼迫弟弟屈服，不仅不会让他停止吵闹，还会引发他的不满，故意吵闹得更大声。

高情商说服

小美：弟弟，姐姐现在做的这个卷子特别难，需要特别专注才行。你安静一些，等我写完，就可以陪你玩了，好吗？

这样的表达既表明了你需要安静学习的需求，也考虑到了弟弟的感受，不伤感情，又能达成目的。

高情商说服技巧指导

①明确自己的需求

弟弟妹妹年龄小，没眼力见儿很正常，当他们打扰到自己时，应该用他们能理解的语言，明确地提出自己需求。

示范：“弟弟，我现在在写作业，你这么吵，会让我用很长的时间才能写完，那样我就没时间陪你搭积木了。所以，你要安静一些，好不好？”

②给出建议

让弟弟妹妹们做一些有趣且不需要发出大声音的活动，这样他们在你学习时有事情可做，就不会打扰你。

示范：“弟弟，在我学习的时候，你可以去画画、看绘本，或者玩一些没有声音的玩具，你越安静，我写作业越快，就能早点陪你玩游戏了。”

③使用奖励机制

设立一个奖励系统，如果弟弟妹妹在你学习期间表现得很好，没有打扰你，可以给他们一些小奖励，如小零食、贴纸或额外的游戏时间。

示范：“如果你在我学习的时候一直保持安静，没有打扰我，我就给你买你喜欢吃的冰激凌，好不好？”

07 父母为你的学习感到焦虑，怎么说服他们放心

低情商说服

妈妈：快考试了，你有没有把握啊？有没有好好复习啊？

小美：您没看到我每天都在干什么吗？还问啊问的！

这样的表达过于情绪化，没有体会到妈妈的关心，会伤害她的感情。

高情商说服

小美：我知道您担心我的学习。这是我最新制订的学习计划，我准备每天按计划复习。您看看怎么样？

这样的表达既是对妈妈担心的理解，又让妈妈了解你的学习情况和努力程度，从而缓解焦虑情绪。

高情商说服技巧指导

①表达理解，避免矛盾

看见并理解父母的焦虑，这种觉察能缓解父母的焦虑。注意，千万不要带着情绪跟父母交流，这样只会激化双方矛盾。

示范：“我非常理解你们的担忧，我也知道这次考试对我很重要，我会认真复习的。”

②分享学习计划，减少担忧

让家长看到你当下的努力和对未来的规划，这能减少他们对你的担忧。

示范：“我已经制订了一个详细的学习计划，包括每天的学习时间和复习安排。我最近一直按照这个计划表学习，我相信只要我坚持下去，努力一定不会白费。”

③表达决心，寻求支持

家长的焦虑源自干着急却帮不上，我们可以表达决心让家长放心，还可以向家长请求一些帮助，让他们参与进自己的学习中。

示范：“我会尽我最大的努力去学习，不让你们失望。我希望妈妈也能帮助我，每天帮我听写单词吧！”

08 哥哥姐姐惹父母生气，怎么说服他们好好沟通

低情商说服

小刚：我真是讨厌死他们了，再也不理他们了。

小美：哥哥，你都这么大了还惹父母生气，真不懂事！”

这种表达方式会让哥哥感到被指责和不被理解，从而不愿意听取你的建议。

高情商说服

小美：爸妈有时候的确不理解我们。不过，他们肯定是爱我们的，只是你得耐心地好好跟他们解释。

这种表达先是与哥哥共情，然后引导他换位思考，当理智战胜了负面情绪，就能找到与父母沟通的正确方式。

高情商说服技巧指导

①理解感受和立场

清楚了解哥哥姐姐和父母吵架的原因，再带着同理心表达对他们的理解，建立信任，为进一步的沟通打下基础。

示范：“我能理解你当时的感受，也许你觉得父母的做法不太合适，但父母也可能有自己的担忧啊！”

②引导换位思考

引导哥哥姐姐先冷静下来，再认真从爸爸妈妈的角度去思考这件事，尝试理解父母。

示范：“我想我们可以试着从爸爸妈妈的角度去思考一下这件事。他们肯定是想帮助你，只是方法有点儿不妥当。”

③提供具体的建议

建议哥哥姐姐主动与父母沟通，表达自己的感受和想法。提醒他们使用尊重、理解和包容的态度来与父母交流，避免争吵和冲突。

示范：“我们要清楚地表达自己的想法和感受，让父母了解我们的立场和担忧。”

09 爸爸喝酒之后会胃疼，怎么说服他少喝点

低情商说服

爸爸：胃好疼啊！

小美：爸爸，您每次喝酒后都会胃疼，就不能不喝吗？

这样的表达带有教育和指责的意味，容易让爸爸产生反感和抵触情绪。

高情商说服

小美：爸爸，我知道您喝酒都是因为工作需要。但是，您每次喝完酒后都会胃疼，我非常担心您的身体健康。

这样的表达通过对爸爸的行为表示担忧和关心，让他感受到自己饮酒对家人的影响，更容易让他接受你的建议。

高情商说服技巧指导

①表达关心和理解

让爸爸知道你非常关心他的健康，并且理解他喝酒可能是因为习惯、社交需求等，但强调喝酒确实伤害身体。

示范：“爸爸，我知道您喝酒是为了工作，但是我真的很担心您的身体健康。”

②强调喝酒的危害

除了胃疼，过量饮酒还可能对肝脏、心脏、大脑等器官造成损害，甚至引发严重疾病。你可以分享一些相关的健康知识和统计数据，让他意识到问题的严重性。

示范：“爸爸，喝酒不仅会伤害胃，还会对肝脏造成损害，引发各种不适和疾病。为了您的身体健康，我建议您减少饮酒量，或者不喝酒。”

③制订改善计划

和爸爸一起制订一个逐步减少饮酒量的计划，比如每周减少一次饮酒，或者每次饮酒量减少一半，或者找一些替代喝酒的活动，如散步。

示范：“下次你想喝酒时，可以来找我，我陪你去散步。”

10 节假日，怎么说服家人去旅行

低情商说服

妈妈：假期人太多了，我不想出门。

小美：妈妈，我想出去玩，我的同学都出去玩了，我不出去多没面子。

这样的表达完全站在自己的立场，谈论的都是自己的需求，没有理解和考虑妈妈的想法，很难说服妈妈。

高情商说服

小美：妈妈，您不是一直羡慕×××的妈妈总是出去旅游吗？这次正好趁爸爸放假，我们一起出去走走，多看看不同的人和风景。

这样的表达站在妈妈角度，提出的都是妈妈感兴趣的建议，很容易打动妈妈。

高情商说服技巧指导

①说明一家人旅行的益处

强调一起旅行是加强沟通交流的好机会，有助于拉近亲子关系和解决家庭问题，还能放松身心、增加见闻等。

示范：“爸爸妈妈，难道你们不觉得一家人一起旅行很好吗？我们可以聊很多话题，一起欣赏风景，体验民风民俗，还能增进感情哟！”

②考虑父母的需求和兴趣

选择一个父母可能感兴趣的目的地，或者至少是他们能够享受的活动，这样他们可能会更愿意去。

示范：“我们可以选择一个有很多不同活动内容的地方。无论是想安静地欣赏自然风光，还是想玩刺激的户外活动，都能满足。”

③提出合理的计划

制订一个合理的旅行计划，包括目的地、路线、活动安排等，向父母展示自己的想法和诚意。

示范：“我们可以去附近的一个小镇，一起漫步在古街上，品尝当地的美食，还可以去爬山、野餐，享受大自然。”

11 一起玩耍时，怎么说服朋友分享玩具

低情商说服

朋友：我爸爸刚给我买的，我都还没玩够呢！

小刚：你怎么这么小气，以后再也不跟你玩了。

这样的表达明显带有个人情绪，还指责对方，会引起对方的反感，从而更不愿意分享玩具了。

高情商说服

小刚：确实是这样，自己新买的玩具都会爱不释手。不过，你要是借我玩一会儿的话，待会儿我会把自己的零食多分你一些。

这样的表达表示理解对方的感受，并提出交换条件，比较容易赢得对方的同意。

高情商说服技巧指导

①理解对方的感受

表示对“因为特别珍爱某个玩具而不愿意分享”这种心理的理解，可以让对方更愿意与你分享。

示范：“你担心我会把它弄坏，对吧？我理解。”

②强调分享的乐趣

让朋友意识到分享玩具不仅可以增进友谊，还可以让大家玩得更开心。

示范：“如果一起玩这个玩具，我们可以一起探索更多的玩法，这样会更有趣。你愿意和我一起分享吗？”

③提供分享奖励

如果对方还是不愿意分享，可以提出一些对方十分感兴趣的交换条件，促使对方让步。

示范：“如果你愿意跟我分享玩具，我有新的玩具的时候，一定跟你分享！”

12 朋友遇到困难时，怎么说服他接受帮助

低情商说服

小刚：大家都是同学，有困难，你就说话！

朋友：我没事，不用帮忙！

这样的表达虽然表明了自己愿意提供帮助，但没有理解朋友不肯接受帮助的真实心理。

高情商说服

小刚：每个人都有遇到困难的时候，求助并不意味着自己弱，不用感到羞愧，也不用怕麻烦朋友。朋友可以一起面对困难。

这样的表达暗含了对朋友的支持、尊重、接纳、认可，也打消了朋友心中的顾虑。

高情商说服技巧指导

①打消对方的羞愧心理

对方不肯接受帮助，可能是因为自尊心、不想麻烦他人等，所以打消对方的羞愧心理是说服的关键。

示范：“你不要想太多，接受帮助并不代表你弱小，也不会给我们带来麻烦和困扰，相反，接受帮助体现的是你改善现状的决心和善用资源的智慧。”

②表明接受帮助的好处

向对方展示接受帮助的积极方面，不仅能解决当下问题，还能让彼此的关系更加亲近。

示范：“这次你肯接受我的帮助，下次我有困难，才好意思向你开口。”

③强调帮助的意愿和能力

清楚地表达你想要帮助对方的诚意和决心，并说明你有能力提供帮助。

示范：“不管你需要什么，是需要倾诉，还是需要实际的帮助，我都可以提供。而且，我有一些经验可能对你有用。”

13 朋友情绪低落时，怎么说服他倾诉

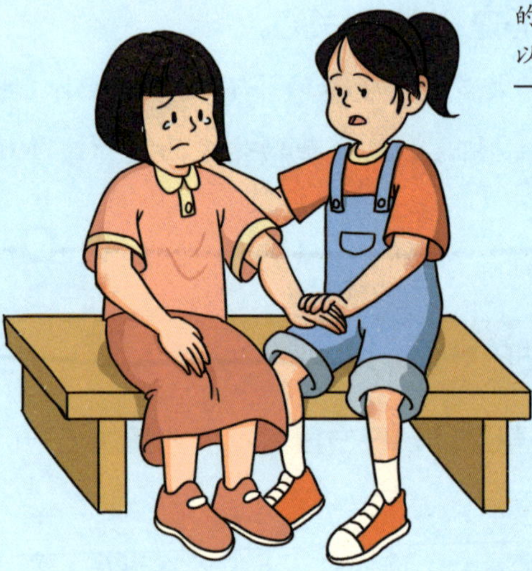

低情商说服

小美：你怎么又不开心了！你总是钻牛角尖，也太想不开了！

朋友：我……

这样的表达充满了批评和指责，不仅无法给予别人安慰，反而给对方被嘲笑的感觉。

高情商说服

小美：我注意到你最近心事重重的，其实把心里的事情说出来会好很多。如果你愿意，我愿意做你的倾听者。无论你告诉我什么，我都会支持你的。

这样的表达语气真诚、温暖，没有任何强迫和评判的意思，能让对方感受到安全，进而敞开心扉。

高情商说服技巧指导

①表明自己的态度

对方不肯说出感受，可能是有各种顾虑，告诉对方你会支持他、帮助他，始终跟他在同一战线上，表明态度，让对方放下顾虑。

示范：“我最近看到你似乎有些心事重重，如果可以的话，我很愿意听你说说你的烦恼。无论你告诉我什么，我都会支持你的。”

②强调倾诉的好处

鼓励同学表达自己的感受，提醒他们把憋在心里的话说出来有很大的好处，比如减轻压力、获得支持和解决问题的建议等。

示范：“就像培根说的，如果你把快乐告诉一个朋友，你将得到两份快乐，而如果你把忧愁向一个朋友倾诉，你将被分掉一半的忧愁。有时候，把心里的事情说出来，真的会感觉好一些。”

③提供安全的环境

找一个安全、没有压力的环境，并向朋友保证你将严格保密，这样可以增加对方敞开心扉的可能性。

示范：“这里是一个安全的地方，你可以放心地倾诉你的感受。你放心，我们的谈话我会保密的。”